정해왕 글

1965년 충남 서천에서 태어났고 연세대학교에서 국문학을 공부했다. 그 뒤로 SEETEC, 민음사, 현대모비스에서 글 쓰고 책 만드는 일을 했다.
지금은 '어린이책작가교실' 대표로 참신한 어린이 책 작가들을 길러 내는 한편, 재미있고 알찬 어린이 책을 만드는 데 힘쓰고 있다.
그동안 펴낸 책으로는 『단군 신화』, 『자린고비 일기』, 『토끼 뻥튀기』, 『버섯 소년과 아홉 살 할머니』, 『대기만성 손만성』 등이 있다.

한태희 그림

1962년 서울에서 태어났다. 서울예술대학 응용미술과를 졸업한 후 광고 디자인실, 아동 도서 출판사에서 근무하다가 1991년에 프리랜서로 독립하여
그림책 작업을 해 오고 있다. 1997년에 첫 번째 개인전 '동화 속으로의 여행'을 개최한 이후 『솔미의 밤 하늘 여행』을 시작으로 『불꽃놀이』, 『도솔산 선운사』,
『로봇 친구』, 『그림 그리는 새』, 『휘리리후 휘리리후』 등 현재까지 총 40여 권의 그림책을 출간했다.
우리 주변의 일상적인 이야기에서 전통적인 옛이야기까지 다양한 소재에서 즐거움과 아름다움을 찾기 위해 노력하고 있다.

보물이다 삼국유사 2

주몽 주몽, 고구려를 세우다

ⓒ 정해왕 글 | 한태희 그림

초판 1쇄 발행 2010년 6월 30일 | **초판 4쇄 발행** 2021년 5월 10일
펴낸이 조미현 | **책임편집** 황정원 | **디자인** 최남주
펴낸곳 (주)현암사 | **등록일** 1951년 12월 24일 · 제10-126호 | **주소** 04029 서울시 마포구 동교로12안길 35 | **전화** 02-365-5051 | **팩스** 02-313-2729
전자우편 child@hyeonamsa.com | **홈페이지** www.hyeonamsa.com | **페이스북** www.facebook.com/hyeonami | **블로그** blog.naver.com/hyeonamsa

ISBN 978-89-323-7258-7 74810
　　　978-89-323-7261-7 (세트)

이 도서의 국립중앙도서관 출판시도서목록(CIP)은 e-CIP 홈페이지(http://www.nl.go.kr/ecip)에서 이용하실 수 있습니다.(CIP제어번호: CIP2010002137)

* 이 책은 저작권법에 따라 보호받는 저작물이므로 저작권자와 출판사의 허락없이 이 책의 내용을 복제하거나 다른 용도로 쓸 수 없습니다.
* 잘못된 책은 바꾸어 드립니다. 책값은 뒤표지에 있습니다. * 현암주니어는 (주)현암사의 아동 브랜드입니다.

제품명 도서	전화 02-365-5051
제조년월 2021년 5월	제조국명 대한민국
제조자명 (주)현암사	사용연령 4세 이상
주소 서울시 마포구 동교로12안길 35	

주의사항 책 모서리에 부딪히거나 종이에 베이지 않도록 주의해 주세요.
*KC 마크는 이 제품이 공통안전기준에 적합하였음을 의미합니다.

보물이다 삼국유사 2

주몽

주몽, 고구려를 세우다

정해왕 글 | 한태희 그림

현암
주니어

부여 나라의 금와왕이 강가를 거닐 때였어.
저만치 한 여인이 강물을 바라보며 흐느끼고 있는 거야.
금와왕이 여인에게 다가가 물었지.
"도대체 무슨 사연이 있기에 그토록 슬피 우는고?"
그러자 화들짝 놀란 여인이 머리를 조아리며 대답했어.
"저는 물의 신 하백의 딸 '유화'입니다.
오래전 하늘님의 아들 해모수 님과 사랑에 빠져 살림을 차렸지요.
그런데 해모수 님은 말도 없이 훌쩍 떠나 버렸고,
부모님은 남 보기 창피하다며 저를 내쫓았답니다."

금와왕은 유화를 궁궐의 빈방에 가두고는 시녀들에게 일렀어.
"아무래도 좀 수상한 여인이다. 무슨 일이 생기는지 잘 살펴라."
그런데 창문으로 햇빛이 들어와 유화의 몸을 비추네.
"아, 눈부셔!"
유화는 손가리개를 하며 얼른 자리를 옮겼지.
하지만 햇빛은 온종일 유화를 따라다니며 비추었어.
그로부터 유화의 배가 차차 불러 오더니, 몇 달 뒤 알 하나를 낳지 뭐야.
수박만큼이나 큼지막한 알이었지.

그걸 본 시녀가 쪼르르 달려가 금와왕에게 알렸겠지.
금와왕이 눈살을 찌푸리며 병사들에게 말했어.
"사람이 알을 낳다니 참으로 기분 나쁜 일이로다.
당장 그 알을 돼지들한테 던져 주어라."
병사들이 유화를 찾아가 억지로 알을 빼앗았어.
그러고는 궁궐 밖 돼지우리에 던져 넣었지.
그런데 참 이상하네?
먹성 좋은 돼지들이 그 알에는 입도 대질 않는 거야.

금와왕이 다시 병사들에게 소리쳤어.
"이번에는 그 알을 길거리에 내다 버려라.
지나가는 수레에 깔려 박살이 날 테니."
병사들은 임금이 시키는 대로 했지.
그런데 참 이상하네?
수레를 끄는 말과 소가 모두 그 알을 피해 가는 거야.

금와왕이 다시 병사들에게 소리쳤어.
"이번에는 그 알을 들판에 내다 버려라.
새들이 좋아라고 쪼아서 먹을 테니."
병사들은 또 임금이 시키는 대로 했지.
그런데 참 이상하네?
들짐승과 새들이 모여들어 그 알을 품어 주는 거야.

화가 난 금와왕은 그 알을 직접 깨뜨리려고 했어.
망치로도 내려치고 도끼로도 찍어 보았지.
하지만 껍데기가 어찌나 단단한지 꿈쩍도 하지 않아.
금와왕은 하는 수 없이 유화에게 알을 돌려주었어.
"그대가 낳은 것이니 그대가 알아서 하라."
유화는 자기 겉옷을 벗어 그 알을 조심스레 감쌌어.
그러고는 따뜻한 아랫목에 고이 모셔 두었지.

며칠이나 지났을까.
빠직 빠지직 알껍데기가 깨지더니,
아주 튼실해 보이는 사내아이가 태어났어.
유화는 아기를 품에 안고 떨리는 목소리로 말했지.
"오, 해모수 님이 내게 주신 귀한 아이로다."

달이 가고 해가 흘러 사내아이는 무럭무럭 자랐어.
자기 또래 아이들보다 키도 크고 힘도 셌지.
게다가 활 솜씨도 뛰어나 백 발을 쏘면 백 발을 다 맞혀.
사람들은 그 아이를 '주몽'이라 부르기 시작했어.
부여에선 활 잘 쏘는 사람을 그렇게 불렀거든.
하지만 주몽을 샘내고 미워하는 사람들도 생겨났어.
바로 금와왕의 일곱 아들이었지.
힘으로든 꾀로든 주몽을 못 이기니 배가 아픈 게야.

그러던 어느 날, 금와왕의 맏아들 대소가 임금 앞에 엎드려 말했어.
"아바마마, 알에서 태어난 주몽은 몹시 불길한 놈입니다.
지금 죽여 없애지 않으면, 나중에 큰일을 저지를 것입니다."
그 말을 들은 금와왕은 고개를 설레설레 저었어.
"아무 죄도 없는 아이를 어찌 함부로 죽이겠느냐?
일단 말 목장의 일을 맡기고 좀 더 지켜보자꾸나."
그리하여 주몽은 목장의 말들을 돌보게 되었지.

주몽은 좋은 말과 나쁜 말을 한눈에 알아봤어.
좋은 말에겐 풀을 조금 주고, 나쁜 말에겐 풀을 잔뜩 주었어.
그러니 좋은 말은 비실비실 마르고, 나쁜 말은 투실투실 살이 올랐지.
하루는 금와왕이 목장을 둘러보다가 주몽에게 말했어.
"여기 이 튼튼하게 살진 말은 내가 탈 것이니,
저기 저 비쩍 마른 말은 네가 가져라."
이렇게 해서 주몽은 그 목장에서 가장 좋은 말을 차지한 거야.

얼마 뒤, 대소를 비롯한 일곱 왕자가 한자리에 모였어.
자기들끼리 쑥덕쑥덕 무슨 못된 짓을 꾸미는 게지.
그건 바로 주몽을 쥐도 새도 모르게 죽여 없애자는 거야.
다행히 그걸 눈치챈 유화가 주몽에게 알려 주었어.
"아들아, 당장 부여를 떠나 멀리멀리 도망가거라.
너의 재주라면 어디 가서 무슨 일을 못하겠느냐?"
주몽은 어머니께 작별 인사를 하고 서둘러 말에 올랐어.
평소 가까이 지내던 친구 셋이 길동무로 따라나섰지.

주몽과 세 친구는 쉬지 않고 말을 달렸어.
한참을 달리니 넓은 강이 앞을 떡 가로막네.
저만치 뒤에선 대소가 이끄는 병사들이
뿌연 흙먼지를 일으키며 쫓아왔어.
그때 주몽이 큰 소리로 강물을 향해 외쳤어.
"나는 해모수의 아들이자 하백의 손자다.
적들에게 쫓기어 죽게 되었으니 어찌하면 좋겠는가?"

그러자 참으로 놀라운 일이 벌어졌어.
수많은 물고기와 자라가 한꺼번에 우르르 떠오르더니
강물 위에 다리를 만들지 뭐야.

주몽과 세 친구는 재빨리 그 다리를 밟고 강을 건넜지.
그 모습을 본 대소가 병사들에게 소리쳤어.
"서둘러라! 우리도 저 다리를 건너야 한다."
하지만 대소와 병사들이 강가에 이르렀을 땐,
이미 물고기와 자라가 뿔뿔이 흩어진 뒤였지.
대소는 어쩔 수 없이 말 머리를 돌려야만 했어.

주몽과 친구들은 한참을 더 가서 졸본이라는 곳에 이르렀어.
비류수 강줄기가 굽이굽이 흐르는 살기 좋은 땅이었지.
"여보게들! 우리 이곳에 터를 잡고 새 나라를 만드세."
부여의 왕자가 나라를 세운다는 소문이 널리 퍼져 나갔어.
그러자 백성들이 하나둘 모여들기 시작했지.
주몽은 나라 이름을 '고구려'라 지었는데,
드넓은 땅에 많은 백성이 모여 아주 큰 나라를 이루었단다.

엄마 아빠랑 보물찾기

우리나라에도 '개구리 왕자'가 있었다고?

금와(金蛙/金蝸)는 금개구리라는 뜻이에요. 본래 부여의 왕 해부루에겐 아들이 없었대요. 하루는 해부루가 말을 타고 가는데, 그 말이 커다란 바위 앞에 멈춰 눈물을 흘리더래요. 그래서 신하들을 시켜 바위를 치웠더니, 그 밑에 사내아이가 놓여 있지 뭐예요.
그 아기가 금빛 개구리처럼 생겨서 '금와'라 이름 짓고는 왕자로 삼았어요. 그러니까 '금개구리 왕자'인 셈이지요. 그 뒤로 세월이 흘러 해부루가 죽자, 금와가 부여의 임금 자리를 물려받은 거랍니다.

영웅은 알에서 태어난다?

우리 신화를 살펴보면, 주몽 말고도 알에서 태어난 사람들이 또 있어요. 신라를 세운 혁거세, 신라의 넷째 임금 석탈해, 가야를 세운 김수로도 알에서 나왔대요. 모두 나라를 세우거나 임금 자리에 오른 영웅들이지요.
옛날 사람들은 둥그런 모양의 알이 태양을 닮았다고 생각했어요. 그런데 태양은 하늘에 높이 떠서 세상을 두루 밝히잖아요. 알에서 태어난 사람은 바로 태양처럼 높고 위대한 인물이라는 뜻이죠. 하지만 이런 이야기들은 모두 남보다 특별해 보이려고 꾸며낸 거래요. 그러니까 여러분도 알에서 태어나지 않았다고 기죽지는 마세요.

고구려는 힘세고 멋진 나라

지금으로부터 약 2천 년 전, 우리나라는 고구려, 백제, 신라로 나뉘어 있었어요. 이 가운데 북쪽의 고구려는 가장 넓은 땅과 가장 힘센 군대를 지니고 있었지요. 그렇다고 고구려 사람들이 싸움만 잘한 건 아니에요. 예술적인 감각도 뛰어났거든요. 그들은 커다란 돌을 다듬어 무덤을 만들고, 무덤 안쪽 벽에 그림까지 그려 넣었어요. 이런 그림을 가리켜 '무덤 벽화'라고 부르지요. 고구려의 무덤 벽화는 아주 꼼꼼하면서도 생생하게 그려져 있어서, 그 옛날 고구려 사람들이 어떤 옷을 입고 어떤 일을 하면서 살았는지를 잘 살펴볼 수 있답니다.

고구려와 백제는 형제 사이?

주몽 임금은 세 아들을 두었어요. 첫째 부인이 '유리'를 낳았고, 둘째 부인이 '비류'와 '온조'를 낳았지요. 주몽이 늙어서 유리에게 임금 자리를 물려주자, 비류와 온조 형제는 더럭 겁이 났어요. 유리왕이 자기들을 죽일지도 모른다고 생각한 거예요.
비류와 온조는 많은 무리를 이끌고 남쪽으로 내려갔어요. 그리고 물이 넉넉하고 땅이 기름진 강가에 터를 잡아 새 나라를 세웠어요. 이 나라의 이름이 바로 '백제'랍니다. 그러니까 고구려와 백제는 형제 나라인 셈이지요.